LES
PANÉGYRISTES
DE
JEANNE D'ARC

Orléans, imp. de G. Jacob, cloître Saint-Étienne, 4.

LISTE CHRONOLOGIQUE

DES ORATEURS QUI ONT PRONONCÉ

LE PANÉGYRIQUE

DE

JEANNE D'ARC

DANS LA CHAIRE CHRÉTIENNE

DEPUIS L'AN 1460 JUSQU'A NOS JOURS

AVEC LA NOMENCLATURE BIBLIOGRAPHIQUE

DES ÉLOGES QUI ONT ÉTÉ IMPRIMÉS

ORLÉANS

H. HERLUISON, LIBRAIRE-ÉDITEUR

17, RUE JEANNE-D'ARC, 17

—

1869

AVERTISSEMENT

La présence d'éminents prélats (1) va donner un éclat inusité à la célébration du 440e anniversaire de la délivrance d'Orléans par Jeanne d'Arc, et pour la seconde fois Mgr Dupanloup va prononcer un éloquent Panégyrique. Le moment nous semble opportun pour publier la liste authentique des orateurs qui, du haut de la chaire chrétienne, ont fait l'éloge de la Pucelle.

L'époque à laquelle le panégyrique de Jeanne d'Arc commence à être annuellement prononcé à Orléans est des plus incertaines. Il est positif que de tout temps il y eut un prédicateur du 8 mai choisi parmi les Carmes, les Jacobins ou les Oratoriens. On sait aussi que la municipalité lui remettait une pièce d'argent de la valeur d'environ une livre tournois, et l'invitait au banquet donné par la ville, où était servi ce qu'on appelait le *plat du prédicateur,* c'est-à-dire un plat de poissons. Mais ce prédicateur du 8 mai était-il obligé de prendre pour thème l'éloge et la vie

---

(1) Nosseigneurs le cardinal-archevêque de Rouen, les archevêques de Tours, de Bourges, les évêques de Beauvais, de Saint-Dié, de Poitiers, de Blois, de Troyes, de Châlons, de Verdun, de Nancy, de Constantine, et Mgr Lacarrière, ancien évêque de la Basse-Terre.

de l'héroïne, de *prêcher la Pucelle?* On l'ignore. Il est cependant des plus probables que Jeanne d'Arc n'était point passée sous silence dans un discours prononcé au jour même d'une fête instituée en son honneur.

Le tribunal séant à Rouen qui réhabilita Jeanne d'Arc ordonna, à la date du 4 juillet 1455, que, le lendemain 5, il y aurait un sermon dans l'église cathédrale, sermon qui contiendrait le Panégyrique de la Pucelle, ce qui fut exécuté ponctuellement, et « les peuples, » dit un historien de Charles VII (1), « coururent en foule entendre l'éloge de cette héroïne. »

Si, à Rouen, il en fut ainsi en 1455, n'est-il pas téméraire de supposer qu'Orléans, qui a si religieusement conservé le culte de ses souvenirs, fût restée en arrière et n'eût pas pris soin d'honorer sa libératrice? Nous ne pouvons le croire.

A la liste qui va suivre et qui n'est pas sans de grandes lacunes, nous avons voulu ajouter un intérêt bibliographique; nous avons donc indiqué, pour les Panégyriques qui ont été imprimés, leurs différentes éditions. On verra par des mentions particulières que la ville d'Orléans ne fut jamais ingrate envers celle qui l'a sauvée. A chaque anniversaire elle tient à honneur de faire imprimer à ses frais le Panégyrique traditionnel. Cela explique pourquoi, depuis plusieurs années, deux tirages sont faits: l'un est offert par la ville; quant à l'autre, l'auteur en confie la vente aux libraires d'Orléans (2).

H. H.

(1) Baudot de Juilly, *Hist. de Charles VII*. Paris, 1704, 2 vol. in-12.
(2) On trouvera ces brochures à la librairie H. Herluison, rue Jeanne d'Arc, nº 17.

LES PANÉGYRISTES
DE
JEANNE D'ARC

1460. Jean MARTIN, docteur en théologie.
1501. Antoine DUFOUR.
1504. L'évêque de Sisteron, confesseur du roi.
1604. GAUTIER, prieur de Saint-Maclou d'Orléans.
1759. Le Père Claude de MAROLLES.

Il a été imprimé sous ce titre :

Discours sur la Pucelle d'Orléans, prononcé dans l'église cathédrale d'Orléans, le 8 mai 1759 (par le P. Claude de MAROLLES). A Orléans (imp. par Couret de Villeneuve); et se trouve à Paris chez Despilly, 1759, in-8º de 48 pp.

Ce discours a été uni à celui prononcé l'année suivante par le même, et réimprimé sous le titre suivant :

Discours sur la Pucelle d'Orléans et sur la délivrance d'Orléans, prononcés dans l'église cathédrale de la même ville, l'un le 8 mai 1759, l'autre le 8 mai 1760, par le P. de MAROLLES, J. (Jésuite). A Orléans, et se trouve à Paris chez Despilly, 1760. Pet. in-8º de 48 pp. pour le premier discours, et de 55 pour le second, avec pagination séparée. Les approbations sont datées de Paris, 17 et 18 juin 1760.

Une seconde édition d'un format plus grand, et avec pagination suivie, parut en même temps sous ce titre peu différent :

Discours sur la Pucelle d'Orléans et sur la délivrance d'Orléans, prononcés dans l'église cathédrale de la même ville, les 8 mai 1759 et 1760, par M. de MAROLLES, prêtre. Seconde édition, à Orléans, et se trouve à Paris, chez les marchands de nouveautés. S. d. (1760), in-8º de 77 pp. plus 1 ff. d'errata.

A ces diverses éditions, il convient d'ajouter les sermons du P. C. de MAROLLES, Paris, 1786, 2 vol. in-12, qui contiennent ces deux discours aux pages 429 à 493 du tome II.

1760. Le P. Claude de MAROLLES, que nous venons de nommer.

1764. LOISEAU, chanoine de l'église d'Orléans.

Imprimé sous le titre de :

Discours sur la révolution opérée dans la monarchie française par la Pucelle d'Orléans, prononcé dans l'église cathédrale de cette ville (par LOISEAU, chanoine de ladite église), le 8 mai 1764. *A Orléans, Jean Rouzeau-Montaut*, 1764, in-12 de 47 pp.

1766. COLAS, prêtre, prévôt de Tillay.

Discours sur la délivrance d'Orléans du siége des Anglois, en 1429, par Jeanne d'Arc, dite la Pucelle d'Orléans, prononcé dans l'église cathédrale d'Orléans, le 8 mai 1766, jour anniversaire de ladite délivrance, par Mre Jean-François COLAS, prêtre, prévost de Tillay et chanoine de l'église royale de Saint-Aignan. *Se vend à Paris, chez Saillant. A Orléans, chez Jacques-P. Jacob*, 1766 (*de l'imprimerie de Charles Jacob*), in-4º de 28 pp.

1767. L'abbé PERDOUX.

Discours sur la Pucelle d'Orléans et sur la délivrance de cette ville, prononcé dans l'église cathédrale d'Orléans, le 8 mai 1767, par M. PERDOUX, prêtre. *A Orléans, chez Jacques-Philippe Jacob* (*de l'imprimerie de Charles Jacob*), 1767. Pet. in-8º de 58 pp. et 1 ff. d'approbation et de priviége.

1776. N*, professeur des Chanoines réguliers.**

1777. CAHOUE, chanoine régulier, ancien prieur de Saint-Euverte.

1779. André-Guillaume de GÉRY, abbé de Sainte-Geneviève.

Éloge de Jeanne d'Arc, dite la Pucelle d'Orléans, prononcé dans l'église cathédrale d'Orléans, le 8 mai 1779, jour anniversaire de la levée du siége de cette ville en 1429, par M. André-Guillaume de GÉRY, abbé de Sainte-Geneviève, supérieur général des Chanoines Réguliers de la congrégation de France et de l'ordre du Val-des-Ecoliers, de l'académie de Châlons-sur-Marne. *A Paris, de l'imprimerie de Ph.-D. Pierres*, 1779, in-4º de 38 pp. et 1 ff. qui contient l'approbation.

Ce panégyrique a aussi paru dans les œuvres de l'abbé de GÉRY, publiées sous le titre de :

Sermons pour l'Avent, le Carême, l'Octave du Saint-Sacrement et autres solennités, Panégyriques, Oraisons funèbres, Prônes, Instructions diverses sur le Symbole des Apôtres, la première Communion, le Renouvellement des vœux du baptême, la Profession religieuse et plusieurs autres sujets. *Paris, Mequignon l'aîné,* 1788, 6 vol. in-12.

1790. LADUREAU, chanoine.

1803. L'abbé CORBIN, chanoine de l'église d'Orléans, décédé curé de Sainte-Croix.

1804. L'abbé COLIGNON, curé de Montargis, décédé curé de Saint-Germain-en-Laye.

1805. L'abbé PATAUD, vicaire de Saint-Aignan, décédé en 1817, aumônier du lycée d'Orléans.

> Discours prononcés à différentes époques, en présence de tous les corps constitués de la ville d'Orléans, par l'abbé J.-J. P.-D. (Pataud), chanoine honoraire et aumônier du lycée d'Orléans. *S. l. n. d.* In-8° de 99 pp.
>
> L'éloge de Jeanne d'Arc est inséré aux pages 1 à 23 de cet opuscule rare.

1806. L'abbé BERNET, vicaire de Saint-Paterne.

1807. L'abbé DESNOUES, curé de Saint-Paul.

1808. L'abbé CORBIN, chanoine de l'église d'Orléans. (Pour la deuxième fois. Voyez 1803.)

1809. L'abbé NUTEIN, vicaire de Sainte-Croix, décédé en 1850, curé de Saint-Pierre-le-Puellier.

1810. L'abbé LADUREAU, chanoine honoraire. (Pour la deuxième fois. Voyez 1790.)

1811. L'abbé PATAUD, chanoine honoraire. (Pour la deuxième fois. Voyez 1805.)

1812. L'abbé LADUREAU, chanoine honoraire. (Pour la troisième fois. Voyez 1790, 1810.)

1813. PINEAU, curé de Meung-sur-Loire.

1814. L'abbé NUTEIN, chanoine honoraire. (Pour la deuxième fois. Voyez 1809.)

1815. DESNOUES, curé de Saint-Paul. (Pour la deuxième fois. Voyez 1807.)

1816. LADUREAU, chanoine honoraire. (Pour la quatrième fois. Voyez 1790, 1810, 1812.)

1817. L'abbé BERNET, chanoine honoraire de Saint-Denis. (Pour la seconde fois. Voyez 1806.)

> Panégyrique de Jeanne d'Arc, prononcé le 8 mai 1817, dans l'église cathédrale d'Orléans, par M. l'abbé

BERNET, premier aumônier de la maison royale, et chanoine honoraire du chapitre royal de Saint-Denis. *Orléans, de l'imprimerie de Rouzeau-Montaut,* 1817, in-8° de 45 pp.

<small>Cette édition reproduit le discours tel qu'il a été prononcé; il en a été fait un second tirage, auquel on a ajouté un passage inséré aux pages 15 à 22.</small>

1818. DESNOUES, curé de Saint-Paul. (Pour la troisième fois. Voyez 1807, 1815).

1819. D. FRAYSSINOUS, évêque d'Hermopolis, plus tard Ministre des Cultes.

<small>Son panégyrique de Jeanne d'Arc a été publié dans ses conférences et discours inédits. *Paris, Ad. Leclère,* 1843, en 1 vol. in-8°, et aussi en 2 vol. in-12 imprimés la même année.</small>

1820. L'abbé GAUZARGUES, qui devint curé de Briare.

1821. L'abbé FEUTRIER, chanoine honoraire de Saint-Denis, nommé plus tard ministre de l'instruction publique et des cultes.

1822. L'abbé PISSEAU.

1823. L'abbé FEUTRIER. (Pour la deuxième fois. V. 1821).

<small>Éloges historiques et religieux de Jeanne d'Arc, pour l'anniversaire de la délivrance d'Orléans, le 8 mai 1429, prononcés le 8 mai 1821 et le 9 mai 1823, par M. l'abbé FEUTRIER, curé de la paroisse de la Madeleine de Paris, vicaire général du diocèse, chanoine honoraire du chapitre royal de Saint-Denis. Imprimé par les soins de la ville d'Orléans. *A Orléans de l'imprimerie de Rouzeau-Montaut,* 1823, 33 pp. in-8°.</small>

1824. L'abbé LANDRIEUX, vicaire de Sainte-Élisabeth de Paris.

1825. L'abbé LONGIN, vicaire de Saint-Germain-l'Auxerrois de Paris.

<small>Éloge de Jeanne d'Arc, pour l'anniversaire de la délivrance d'Orléans, le 8 mai 1429, prononcé dans la cathédrale de cette ville, le 8 mai 1825, et présenté à S. M. Charles X, par M. l'abbé LONGIN, premier vicaire de la paroisse de Saint-Germain-l'Auxerrois. Imprimé par les soins de la ville d'Orléans. *Paris, imprimerie ecclésiastique de Beaucé-Rusand,* 1825, in-8° de 43 pp., plus 2 ff.</small>

1826. L'abbé GIROD, vicaire de Notre-Dame de Paris.

<small>Éloge de Jeanne d'Arc, pour l'anniversaire de la délivrance d'Orléans, prononcé dans la cathédrale de cette</small>

ville, le 8 mai 1826, par l'abbé GIROD, vicaire de la métropole de Paris, chanoine honoraire d'Avignon. Imprimé par les soins de la ville d'Orléans. *A Orléans, de l'imprimerie de Rouzeau-Montaut ainé, 1826,* in-8° de 52 pp.

1827. P.-L. PARISIS, vicaire de Saint-Paul d'Orléans, né dans cette ville le 12 août 1795, décédé évêque d'Arras, de Boulogne et de Saint-Omer, le 5 mars 1865.

1828. DEGUERRY (l'abbé Gaspard), alors aumônier du 6e régiment de la garde royale, depuis curé de la Madeleine de Paris.

Éloge de Jeanne d'Arc, prononcé dans l'église cathédrale d'Orléans, le 8 mai 1828, par M. l'abbé DEGUERRY, chanoine honoraire d'Orléans, aumônier du sixième régiment de la garde royale. Imprimé par les soins de la ville d'Orléans. *A Orléans, de l'imprimerie de Rouzeau-Monteau ainé,* 1828, 58 pp. in-8°.

1829. L'abbé MORISSET, chanoine de Blois.

Éloge de Jeanne d'Arc, prononcé dans l'église cathédrale d'Orléans, le 8 mai 1829, jour anniversaire de la délivrance de cette ville, par M. l'abbé E. MORISSET, chanoine de Blois. Imprimé par les soins de la ville d'Orléans. *A Orléans de l'imprimerie de Rouzeau-Montaut ainé,* 1829, 37 pp. in-8°, plus 3 pp. de notes.

1830. LE COURTIER (L'abbé F.-J.).

Éloge de Jeanne d'Arc, à l'occasion de la délivrance de la ville d'Orléans, le 8 mai 1429, prêché dans la cathédrale d'Orléans, le 8 mai 1830, par M. l'abbé LE COURTIER, chanoine honoraire de Beauvais, premier vicaire de Saint-Etienne-du-Mont, à Paris. *A Orléans, de l'imprimerie de Rouzeau-Montaut ainé,* 1830, in-8° de 44 pp.

De 1831 à 1840.

Les difficultés survenues entre l'administration municipale et le clergé empêchèrent le panégyrique d'être prononcé.

1841. L'abbé MARÉCHAL, vicaire de Saint-Paterne, décédé curé de Saint-Aignan en 1864.

1842. L'abbé MIOT, vicaire de Saint-Paterne, décédé en 1861, chanoine honoraire de l'église d'Orléans.

1843. L'abbé A.-L.-A. CHESNARD, décédé aumônier de l'Ecole normale d'Orléans, le 26 avril 1858.

1844. L'abbé PIE, vicaire général de Chartres, aujourd'hui évêque de Poitiers.

> Éloge de Jeanne d'Arc, prononcé dans l'église cathédrale d'Orléans, le 8 mai 1844, jour anniversaire de la délivrance de cette ville, par M. l'abbé PIE, vicaire de la cathédrale de Chartres. *Orléans, imprimerie d'Alexandre Jacob* (1844), in-8° de 41 pp.

1845. L'abbé BERLAND, décédé curé de Beaugency, le 23 avril 1869.

> Éloge de Jeanne d'Arc, prononcé dans l'église cathédrale d'Orléans, le 8 mai 1845, par l'abbé J. BERLAND, chanoine honoraire et curé de N.-D.-des-Aydes d'Orléans. *Orléans*, 1845, in-8° de 30 pp.

1846. L'abbé de la TAILLE, vicaire de la cathédrale d'Orléans, aujourd'hui curé de Pithiviers.

1847. L'abbé DESBROSSES, aumônier du collége d'Orléans, aujourd'hui vicaire général.

> Cet ecclésiastique prononça le même panégyrique en 1861. (Voyez plus loin à cette date le titre de cette brochure.)

1848. L'abbé CANILLAC.

1849. L'abbé DUCHESNE, professeur de rhétorique au petit Séminaire de Paris.

1850. L'abbé Barthélemy de BEAUREGARD, auteur d'une histoire de Jeanne d'Arc, publiée à Paris en 1847, 2 vol. in-8°. (Voyez ci-après en 1853.)

1851. L'abbé MÈGE, curé de Morestel, diocèse de Belley.

1852. L'abbé MARÉCHAL. (Pour la seconde fois. Voyez 1841.)

1853. L'abbé Barthélemy de BEAUREGARD.

> Mission divine de Jeanne d'Arc prouvée par ses triomphes et son martyre. Panégyrique prononcé dans la cathédrale d'Orléans, à la fête du 8 mai 1850 et 1853, par M. l'abbé Barthélemy de BAUREGARD, du clergé de Paris, chanoine de Reims et de Périgueux, des Académies d'Orléans, de Reims, de Nancy, de Besançon ; de la Société archéologique de l'Orléanais, etc., auteur de plusieurs ouvrages d'histoire et d'apologie, de la *Biblia parvula*, etc. Imprimé par les soins de la ville d'Orléans. *Orléans, imp. d'Alex. Jacob*, 1853, in-8° de 72 pp.
>
> On trouve des exemplaires qui, au lieu de : *imprimé par les soins de la ville d'Orléans*, portent : *exemplaire tiré aux frais de l'auteur.*

1854. Le Panégyrique de Jeanne d'Arc ne fut pas prononcé.

1855. S. G. Mgr DUPANLOUP, évêque d'Orléans.

Cet éloge, l'un des plus remarquables qui aient été prononcés, a été imprimé sous le titre de :

Panégyrique de Jeanne d'Arc, prononcé par Mgr l'évêque d'Orléans, dans la cathédrale de Sainte-Croix, le 8 mai 1855. *Orléans, imprimerie d'Alex. Jacob* (1855), in-8º de 41 pp.

Le même, sous le titre de :

Panégyrique de Jeanne d'Arc, prononcé par Mgr DUPANLOUP, évêque d'Orléans, dans la basilique de Sainte-Croix, le 8 mai 1855, nouvelle édition enrichie de notes. *Orléans,* 15 décembre 1855, in-12 de 60 pp.

Il a été publié plus tard dans l'ouvrage :

Œuvres choisies de Mgr DUPANLOUP, évêque d'Orléans. *Paris, Périsse,* 1862, 6 vol. in-8º. Le panégyrique de Jeanne d'Arc occupe les pages 1 à 56 du volume qui contient les œuvres oratoires.

Une nouvelle édition vient de paraître (3 mai 1869), sous le titre de :

Premier panégyrique de Jeanne d'Arc, prononcé par Mgr l'évêque d'Orléans, dans la cathédrale de Sainte-Croix, le 8 mai 1855, nouvelle édition, revue par l'auteur. *Orléans, imprimerie de G. Jacob,* 1869, in-8º de 48 pp.

1856. L'abbé DEGUERRY, curé de la Madeleine de Paris. (Pour la seconde fois. Voyez en 1828).

Éloges de Jeanne d'Arc, prononcés dans l'église cathédrale d'Orléans, les 8 mai 1856 et 8 mai 1828. *Paris, Lecoffre,* 1856, in-8º de 7 feuilles.

1857. Mgr GILLIS, évêque de Limyra, vicaire apostolique d'Édimbourg.

Panégyrique de Jeanne d'Arc, prononcé dans la cathédrale d'Orléans à la fête du 8 mai 1857, par Mgr GILLIS, évêque de Limyra, vicaire apostolique d'Édimbourg, en présence de Sa Grandeur Mgr Félix-Antoine-Philibert DUPANLOUP, évêque d'Orléans. Imprimé par les soins de la ville d'Orléans. *Orléans, imp. de Pagnerre,* 1857, grand in-8º de 56 pages avec 3 planches hors texte et 3 vues ou plans gravés sur bois intercalés dans le texte.

Le même, deuxième édition. *Paris, imp. Simon Raçon* (1858), in-12 de 71 pp.

Le même, avec ces mots : *troisième édition, avec addi-*

tions et notes, remplaçant la ligne : *Imprimé par les soins de la ville d'Orléans*, gr. in-8º de 62 pp., composition et fig. de la première édit. Plus, un faux-titre portant les armoiries de Jeanne d'Arc, et un port. lith. de Mgr Gillis.

1858. L'abbé de PLACE, chanoine de Paris.

Panégyrique de Jeanne d'Arc, prononcé dans la cathédrale d'Orléans à la fête du 8 mai 1858, par M. l'abbé Charles de Place, chanoine de l'église de Paris, prédicateur de S. M. l'Empereur. En présence de Mgr Félix-Antoine-Philibert Dupanloup, évêque d'Orléans, et de Mgr de Langalerie, évêque de Belley. Imprimé par les soins de la ville d'Orléans. *Orléans, imprimerie de Pagnerre*, 1858, in-8º de 40 pp.

1859. L'abbé CHÉVOJON, vicaire de Sainte-Clotilde de Paris.

Panégyrique de Jeanne d'Arc, prononcé dans la cathédrale d'Orléans, à la fête du 8 mai 1859, par M. l'abbé Chévojon, vicaire de la paroisse Sainte-Clotilde, à Paris. Imprimé par les soins de la ville d'Orléans. *Orléans, imprimerie de Pagnerre*, 1859, in-8º de 34 pp.

1860. L'abbé FREPPEL, professeur à la Sorbonne.

Panégyrique de Jeanne d'Arc, prononcé dans la cathédrale d'Orléans, à la fête du 8 mai 1860, par M. l'abbé Freppel, professeur d'éloquence sacrée à la Sorbonne. Imprimé par les soins de la ville d'Orléans. *Orléans, imprimerie Chenu*, 1860, in-8º de 31 pp.

Le même, même titre, deuxième édition. *Paris, Ambroise Bray*, 1860 *(imprimerie Bailly-Divry et Cie)*, in-8º de 30 pp.

1861. L'abbé DESBROSSES, vicaire général d'Orléans.

Déjà prononcé en 1847, ce panégyrique a été imprimé sous le titre de :

Panégyrique de Jeanne d'Arc, prononcé dans la cathédrale d'Orléans le 8 mai 1861, par M. l'abbé Desbrosses, vicaire général d'Orléans. *Orléans, imprimerie de Georges Jacob*, 1861, grand in-8º de 32 pp.

1862. L'abbé H. PERREYVE, professeur à la Sorbonne.

Panégyrique de Jeanne d'Arc, prononcé dans la cathédrale d'Orléans à la fête anniversaire du 8 mai 1862, par M. l'abbé Henri Perreyve, chanoine honoraire d'Orléans, professeur d'histoire ecclésiastique à la Sorbonne. Imprimé par les soins de la ville d'Orléans. *Orléans, imprimerie Chenu*, 1862, in-8º de 32 pp.

Le même, deuxième édition. *Orléans, imprimerie de Chenu*, 1862, pet. in-8º de 40 pp.

Le même, troisième édition, publié sous ce titre :

Jeanne d'Arc. Discours et notes historiques, par M. l'abbé Henri PERREYVE, chanoine honoraire d'Orléans, professeur d'histoire ecclésiastique à la Sorbonne, troisième édition. *Paris, Charles Douniol,* 1863, in-12 de 108 pp.

1863. L'abbé MERMILIOD, recteur de Notre-Dame de Genève.

Panégyrique de Jeanne d'Arc, prononcé dans la cathédrale d'Orléans, le 8 mai 1863, par M. l'abbé Gaspard MERMILIOD, recteur de Notre-Dame de Genève. Imprimé par les soins de la ville d'Orléans. *Orléans, imprimerie Chenu,* 1863, in-8° de 59 pp.

Le même, deuxième tirage. *Orléans, imprimerie de Chenu,* 1863, in-8° de 66 pp.

1864. L'abbé THOMAS, missionnaire apostolique, aumônier de l'hospice de Versailles.

Panégyrique de Jeanne d'Arc, prononcé dans la cathédrale d'Orléans, le 8 mai 1864, par M. l'abbé Alexandre THOMAS, missionnaire apostolique, chanoine honoraire de Versailles, aumônier de l'hospice civil. Imprimé par les soins de la ville d'Orléans. *Orléans, imprimerie de Chenu,* 1864, in-8° de 61 pp.

Le même, deuxième tirage. *Orléans, H. Herluison,* 1864, pet. in-8° de 64 pp.

1865. L'abbé BOUGAUD, vicaire général d'Orléans.

Panégyrique de Jeanne d'Arc, prononcé dans la cathédrale d'Orléans, le 8 mai 1865, en la fête du 436e anniversaire de la délivrance de la ville, par M. l'abbé Em. BOUGAUD, vicaire général d'Orléans. *Orléans, imp. de G. Jacob,* 1865, in-8° de 49 pp.

Le même, avec le même titre et la mention : Imprimé par les soins de la ville d'Orléans. *Orléans, imprimerie de Chenu,* 1865, in-8° de 38 pp.

1866. L'abbé LAGRANGE, vicaire général d'Orléans.

Panégyrique de Jeanne d'Arc, prononcé dans la cathédrale d'Orléans, le 8 mai 1866, en la fête du 437e anniversaire de la délivrance de la ville, par M. l'abbé F. LAGRANGE, vicaire général d'Orléans. Imprimé par les soins de la ville d'Orléans. *Orléans, imp. E. Chenu fils,* 1866, in-8° de 35 pp.

Le même, deuxième tirage. *Orléans, imprimerie de E. Chenu fils,* 1866, pet. in-8° de 46 pp.

1867. L'abbé FREPPEL, professeur d'éloquence sacrée à la Sorbonne. (Il l'avait déjà prononcé en 1860.)

— 16 —

Ce nouvel éloge de Jeanne d'Arc, où il est question de la béatification, a paru tout d'abord dans le n° du 18 mai 1867 des *Annales religieuses et littéraires de la ville et du diocèse d'Orléans* (pages 459-475), puis sous le titre de :

Panégyrique de Jeanne d'Arc, prononcé dans la cathédrale d'Orléans, le 8 mai 1867, en la fête du 438e anniversaire de la délivrance de la ville, par M. l'abbé FREPPEL, chanoine honoraire de Paris, professeur d'éloquence sacrée à la Sorbonne. Imprimé par les soins de la ville d'Orléans. *Orléans, imp. E. Chenu*, 1867, 32 pp. in-8°.

Autre édition :

Panégyrique de Jeanne d'Arc, prononcé dans la cathédrale d'Orléans, la fête du 8 mai 1867, par M. l'abbé FREPPEL, chanoine honoraire de Paris, de Strasbourg, de Troyes, professeur d'éloquence sacrée à la Sorbonne. Deuxième édition. *Paris, A. Bray*, 1867, in-8° de 32 pp.

1868. L'abbé BAUNARD, chanoine honoraire, vicaire de la cathédrale d'Orléans.

Jeanne d'Arc et la délivrance d'Orléans. Discours prononcé dans la cathédrale d'Orléans, en la fête du 8 mai 1868, par M. l'abbé BAUNARD, chanoine honoraire, docteur ès-lettres. Imprimé par les soins de la ville d'Orléans. *Orléans, imp. E. Chenu*, 1868, grand in-8° de 32 pp.

Le même, sous ce titre :

Jeanne d'Arc et la délivrance d'Orléans. Discours prononcé par M. l'abbé BAUNARD, chanoine honoraire, docteur en théologie, docteur ès-lettres, en la fête du 8 mai 1868, dans la cathédrale d'Orléans. *Orléans, imp. de G. Jacob*, 1868, in-8° de 31 pp.

1869. S. G. Mgr DUPANLOUP, évêque d'Orléans, de l'Académie française. (Pour la seconde fois. Voyez en 1855.)

Voici le titre de ce Panégyrique, prononcé en présence des archevêques et évêques que nous avons nommés en tête de cette brochure :

Second Panégyrique de Jeanne d'Arc, prononcé dans la cathédrale de Sainte-Croix, le 8 mai 1869, par Mgr l'évêque d'Orléans, de l'Académie française. *Orléans, imp de G. Jacob*, 1869, in-8° de 64 pp.

www.ingramcontent.com/pod-product-compliance
Lightning Source LLC
Chambersburg PA
CBHW061624040426
42450CB00010B/2649